Impressum
Verlag: BABADADA GmbH, Nedderfeld 112 , 22529 Hamburg
Geschäftsführer / Verlagsleitung: Harald Hof
Druck: Books on Demand GmbH, In de Tarpen 42, 22848 Norderstedt

Imprint
Publisher: BABADADA GmbH, Nedderfeld 112 , 22529 Hamburg, Germany
Managing Director / Publishing direction: Harald Hof
Print: Books on Demand GmbH, In de Tarpen 42, 22848 Norderstedt

escola
colegio

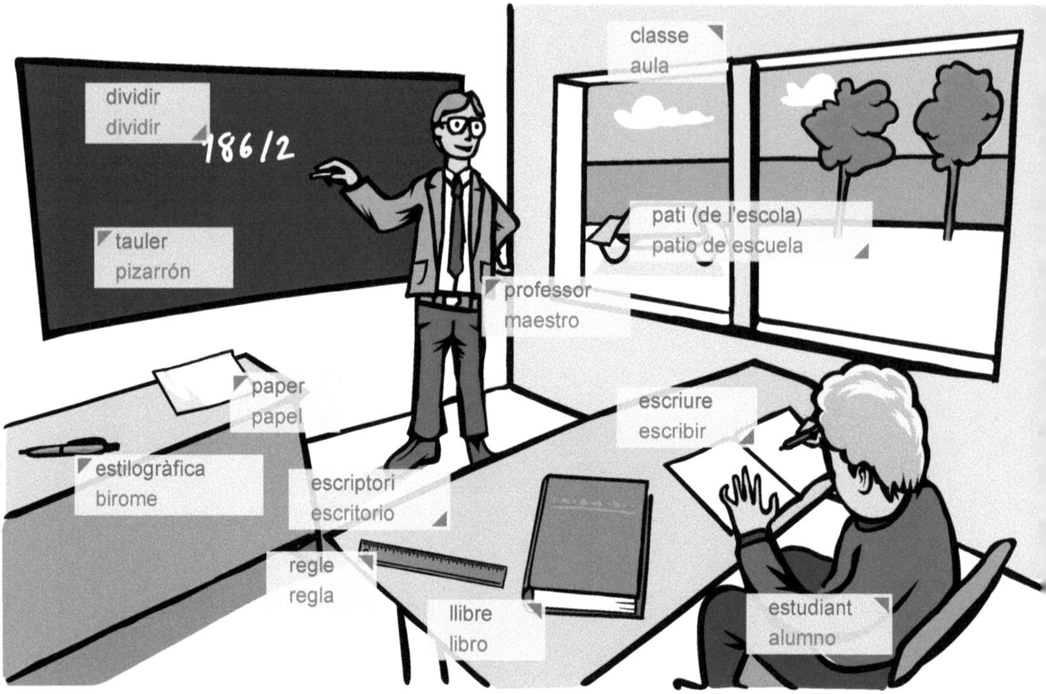
classe
aula
dividir
dividir
186/2
tauler
pizarrón
pati (de l'escola)
patio de escuela
professor
maestro
paper
papel
escriure
escribir
estilogràfica
birome
escriptori
escritorio
regle
regla
llibre
libro
estudiant
alumno

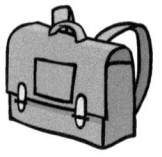

bossa

mochila

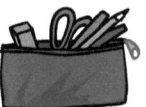

estoig

caja de lápices

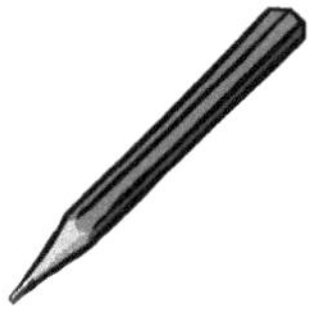

llapis

lápiz

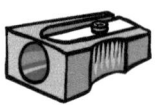

maquineta de fer punta

sacapuntas

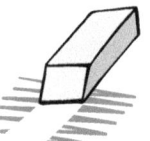

goma

goma (de borrar)

bloc de dibuix

bloc de dibujo

dibuix
dibujo

pinzell
pincel

capsa de pintures
caja de pinturas

tisores
tijera

cola
pegamento

quadern d'exercicis
cuaderno de ejercicios

deures
tarea

12

nombre
número

2+2

afegir
sumar

5-2

sostreure
restar

2×2

multiplicar
multiplicar

calcular
calcular

A

lletra
letra

ABCDEFG
HIJKLMN
OPQRSTU
VWXYZ

alfabet
abecedario

mot
palabra

text

texto

llegir

leer

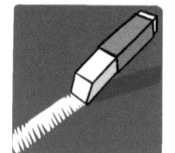

guix

tiza

lliçó

lección

llibre de classe

cuaderno de clase

examen

examen

certificat

certificado

uniforme escolar

uniforme escolar

formació

educación

enciclopèdia

enciclopedia

universitat

universidad

microscopi

microscopio

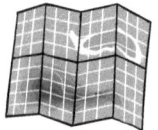

mapa

mapa

paperera

tacho (de basura)

viatge
viaje

hotel
hotel
Grand
alberg
hostel
ROOMS
oficina de canvi
casa de cambio
maleta
valija
automòbil
auto

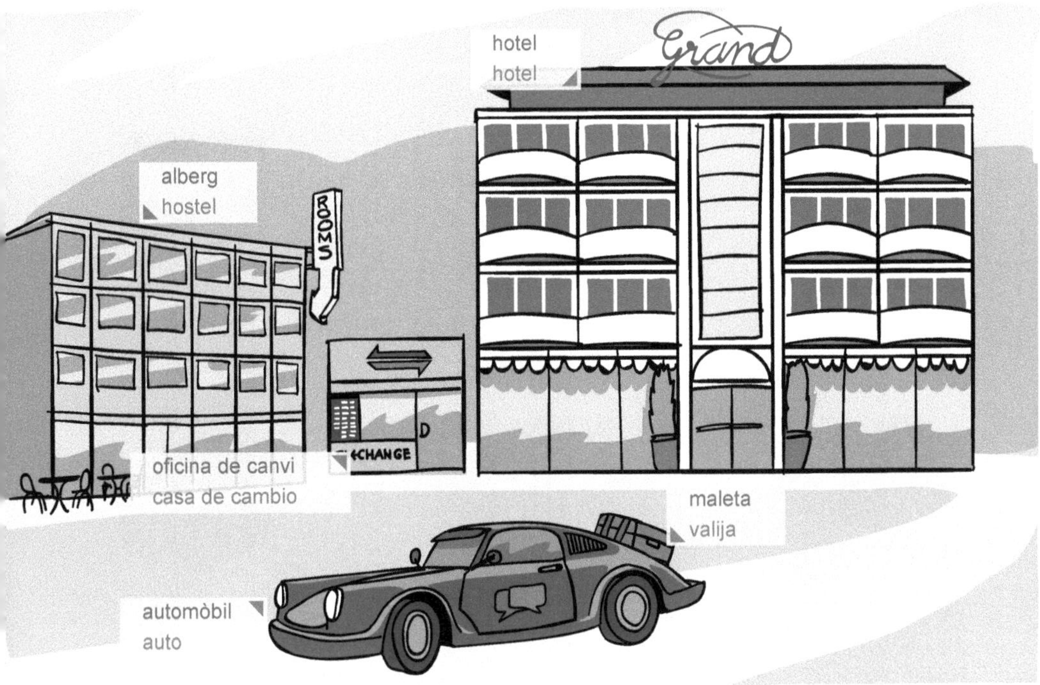

llengua

idioma

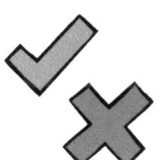

sí / no

sí / no

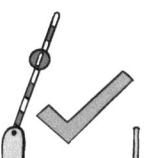

D'acord

Está bien

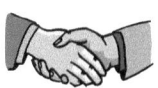

Ey!

hola

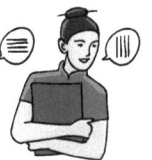

traductora

traductor

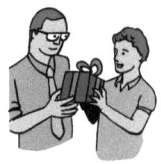

gràcies

Gracias

Quant costa… ?

¿cuánto cuesta…?

No entenc

No entiendo

problema

problema

Bona nit!

¡Buenas tardes!

bon dia!

¡Buenos días!

bona nit!

¡Buenas noches!

fins aviat

adiós

direcció

dirección

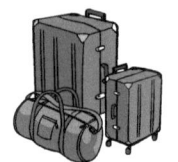

bagatge

equipaje

bossa

bolso

sarrona

mochila

convidat

invitado

cambra

habitación

sac de dormir

bolsa de dormir

tenda

carpa

oficina de turisme
información turística

platja
playa

carta de crèdit
tarjeta de crédito

esmorzar
desayuno

dinar
almuerzo

sopar
cena

bitllet
pasaje

ascensor
ascensor

segell
sello

frontera
frontera

duana
aduana

ambaixada
embajada

visat
visa

passaport
pasaporte

transport

transporte

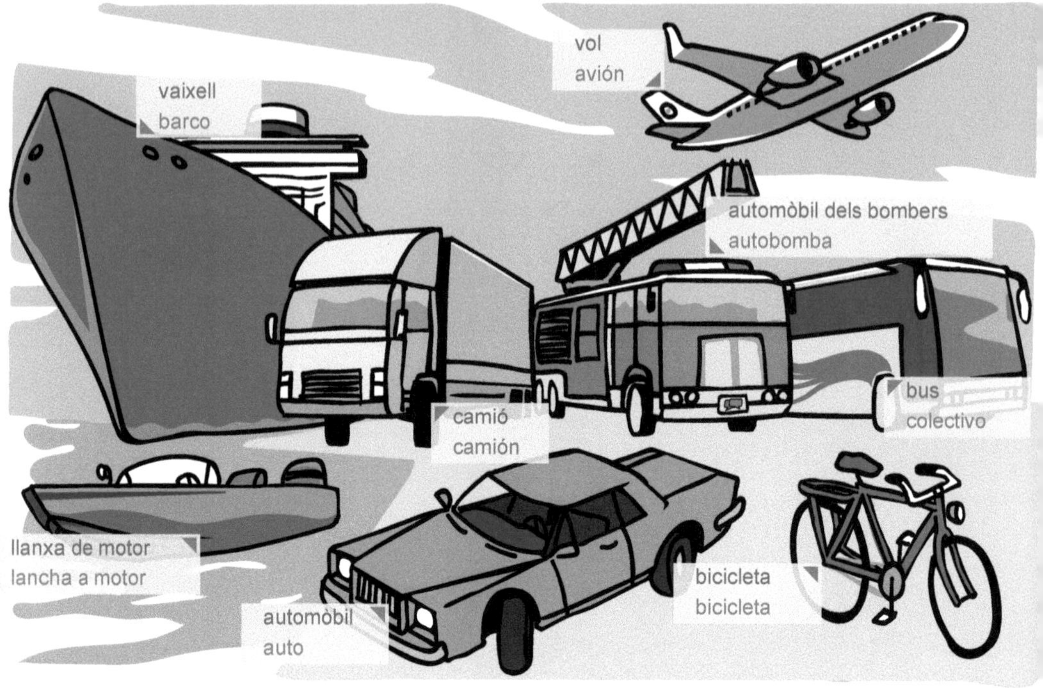
vol
avión
vaixell
barco
automòbil dels bombers
autobomba
bus
colectivo
camió
camión
llanxa de motor
lancha a motor
bicicleta
bicicleta
automòbil
auto

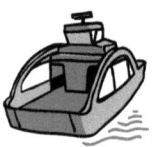

transbordador

ferry

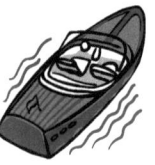

barca

bote

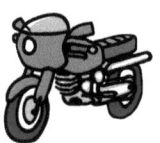

moto

moto

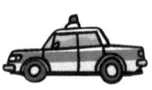

automòbil de policia

patrullero

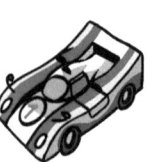

automòbil de curses

auto de carreras

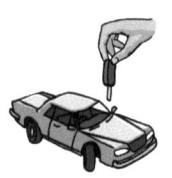

automòbil de lloguer

auto de alquiler

vehicle compartit

alquiler de autos

grua

grúa

camió de les escombraries

camión de basura

motor

motor

benzina

nafta

benzineria

estación de servicio

senyal de trànsit

señal de tránsito

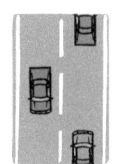

trànsit

tránsito

embús

embotellamiento

aparcament

estacionamiento

estació de trens

estación de tren

vies

vías

tren

tren

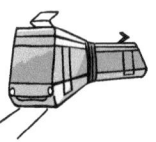

tramvia

tranvía

vagó

vagón

helicòpter

helicóptero

aeroport

aeropuerto

torre

torre

passatger

pasajero

contenidor

contenedor

capsa de cartó

caja de cartón

carretó

carretilla

cistella

canasta

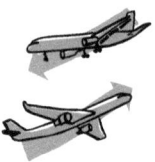

enlairar-se / aterrar

despegar / aterrizar

ciutat

ciudad

poble

pueblo

centre de la ciutat

centro de ciudad

casa

casa

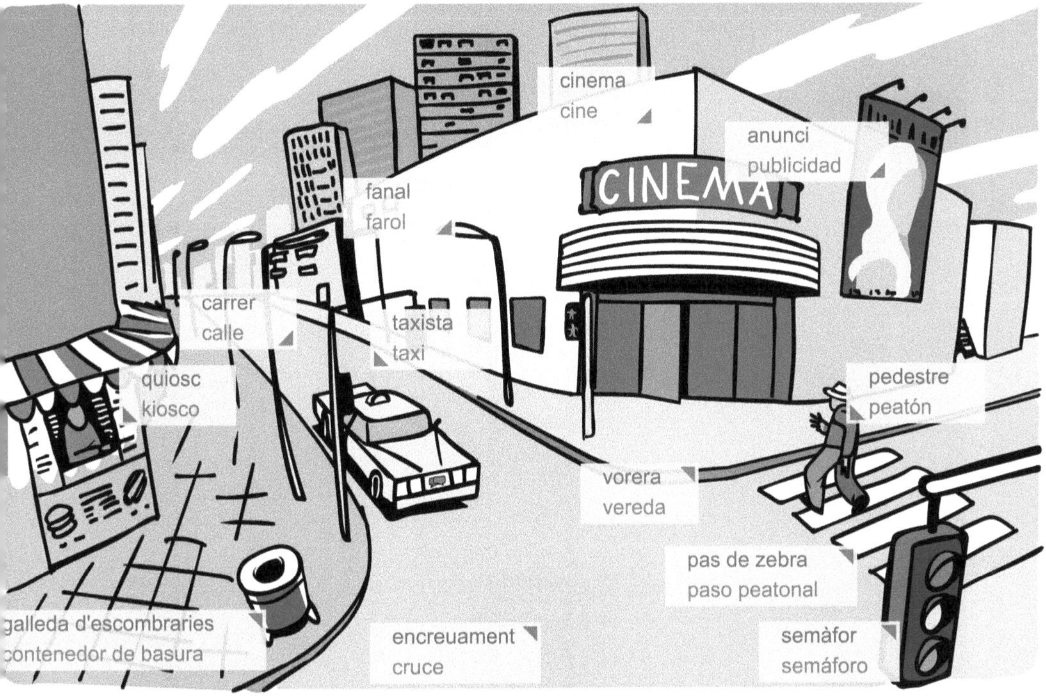

CINEMA
cinema
cine
anunci
publicidad
fanal
farol
carrer
calle
taxista
taxi
quiosc
kiosco
pedestre
peatón
vorera
vereda
pas de zebra
paso peatonal
galleda d'escombraries
contenedor de basura
encreuament
cruce
semàfor
semáforo

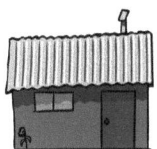

cabana

cabaña

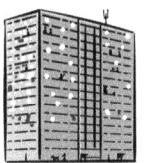

apartament

departamento

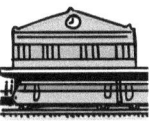

estació de trens

estación de tren

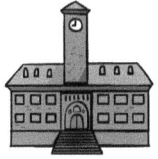

casa de la vila-ciutat

municipalidad

MUSEUM

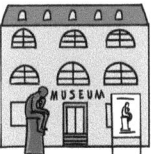

museu

museo

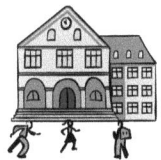

escola

colegio

universitat

universidad

banca

banco

hospital

hospital

hotel

hotel

farmàcia

farmacia

oficina

oficina

llibreria

librería

botiga

negocio

floristeria

florería

supermercat

supermercado

mercat

mercado

gran magatzem

grandes tiendas

peixateria

pescadería

centre comercial

centro comercial

port

puerto

parc
parque

banc
banco

pont
puente

escala
escaleras

metro
subte

túnel
túnel

parada d'autobús
parada del colectivo

bar
bar

restaurant
restaurante

bústia de correu
buzón

senyal indicador
letrero

parquímetre
parquímetro

zoo
zoológico

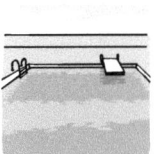

piscina
pileta

mesquita
mezquita

granja
granja

pol·lució
contaminación

cementiri
cementerio

església
iglesia

parc infantil
juegos infantiles

temple
templo

paisatge
paisaje

fulla
hoja

cartell indicador
poste indicador

camí
camino

prat
pradera

pedra
piedra

arbre
árbol

excursionista
excursionista

riu
río

gespa
hierba

flor
flor

vall
valle

muntanya
montaña

llac
lago

bosc
bosque

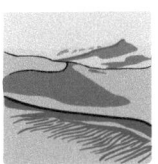

desert
desierto

volcà
volcán

castell
castillo

arc de Sant Martí
arco iris

bolet
champiñón

palmera
palmera

moscard
mosquito

mosca
mosca

formiga
hormiga

abella
abeja

aranya
araña

escarabat

escarabajo

granota

rana

esquirol

ardilla

eriçó

erizo

llebre

liebre

òliba

lechuza

ocell

pájaro

cigne

cisne

senglar

jabalí

cervo

ciervo

ant

alce

presa

presa

turbina

aerogenerador

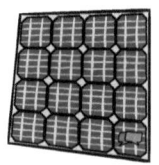

panell solar

panel solar

clima

clima

restaurant
restaurante

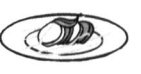

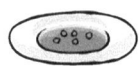

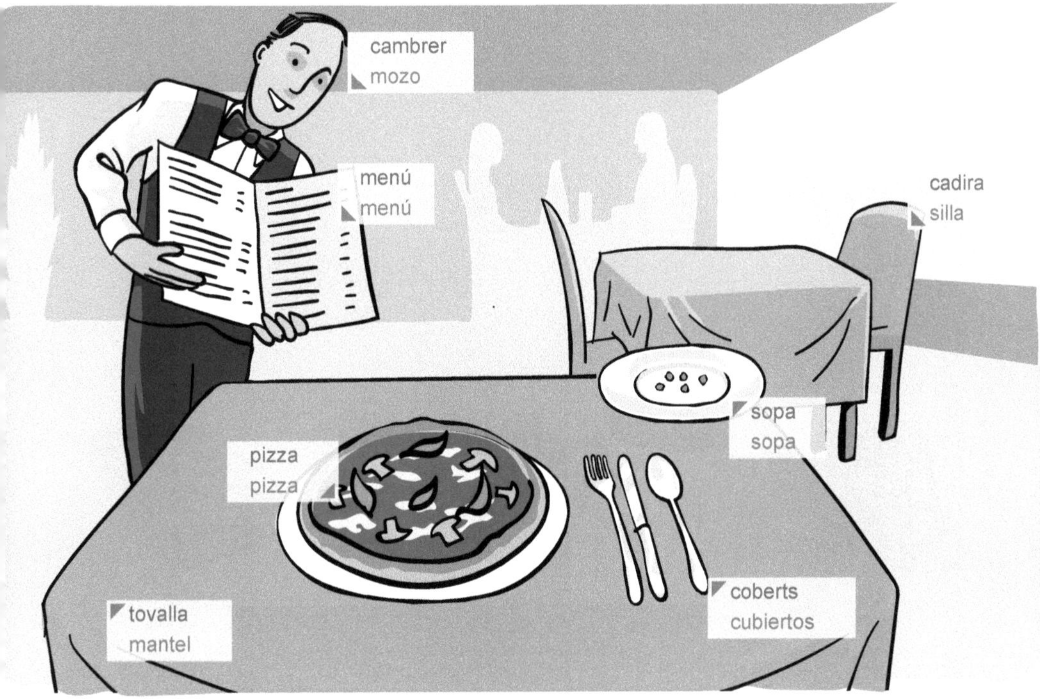

cambrer
mozo
menú
menú
cadira
silla
sopa
sopa
pizza
pizza
coberts
cubiertos
tovalla
mantel

primer plat
entrada

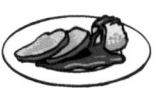

plat principal
plato principal

darreries
postre

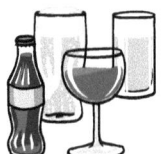

begudes
bebidas

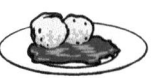

menjar
comida

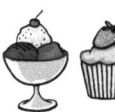

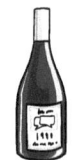

ampolla
botella

menjar ràpid

comida rápida

menjar de carrer

comida callejera

tetera

tetera

sucrer

azucarera

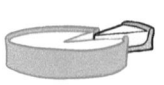

porció

porción

màquina d'espresso

cafetera expreso

trona

sillita alta

factura

cuenta

plata

bandeja

ganivet

cuchillo

forqueta

tenedor

cullera

cuchara

cullereta

cucharita

tovalló

servilleta

got

vaso

restaurant - restaurante

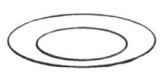

plat

plato

plat de sopa

plato hondo

plateret

plato

salsa

salsa

saler

salero

molinet de pebre

molinillo de pimienta

vinagre

vinagre

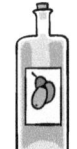

oli

aceite

espècies

especias

quètxup

kétchup

mostassa

mostaza

maionesa

mayonesa

supermercat
supermercado

oferta especial
oferta especial
FOR
client
cliente
productes lactis
lácteos
fruites
fruta
carret de la compra
changuito

BUTCHERS

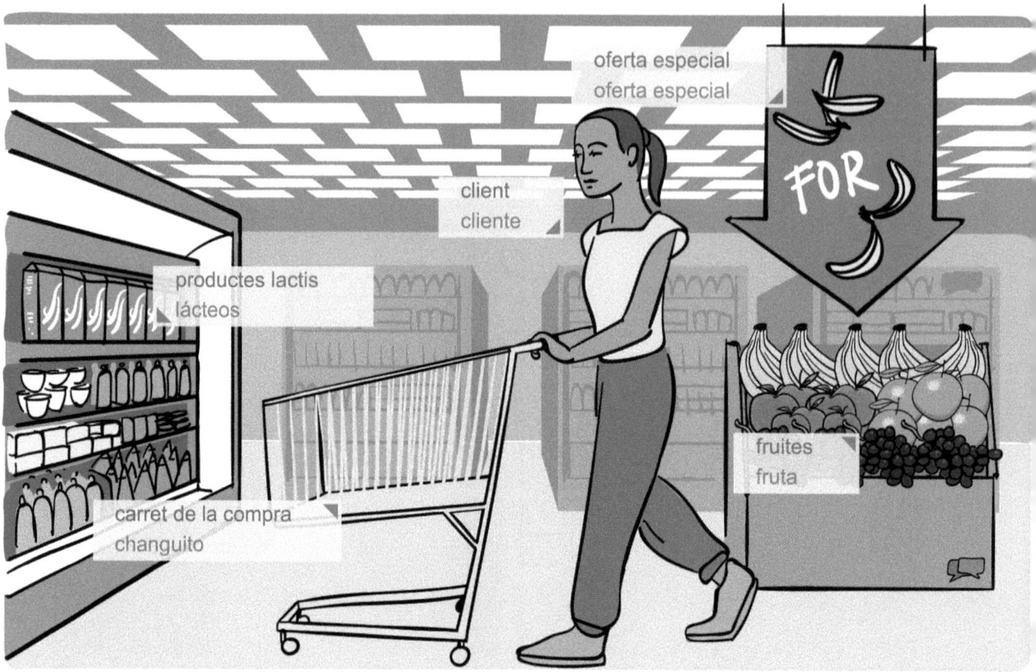

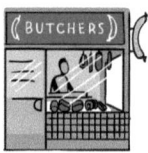

carnisseria

carnicería

BAKERY

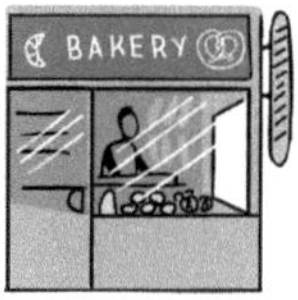

forn de pa

panadería

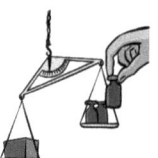

pesar

pesar

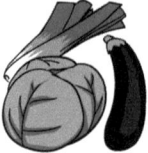

verdures

verduras

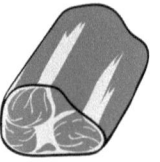

carn

carne

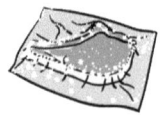

menjar congelat

alimentos congelados

carn freda

fiambres

conserves

alimentos enlatados

detergent en pols

detergente en polvo

dolços

golosinas

articles domèstics

electrodomésticos

productes de neteja

productos de limpieza

venedora

vendedora

caixa registradora

caja

caixera

cajero

llista de la compra

lista de compras

horari d'obertura

horario de atención

portamonedes

billetera

carta de crèdit

tarjeta de crédito

bossa

cartera

bossa de plàstic

bolsa de plástico

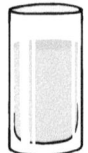

aigua

agua

suc

jugo

llet

leche

coca-cola

bebida cola

vi

vino

cervesa

cerveza

alcohol

alcohol

cacau

cacao

te

té

cafè

café

espresso

café expreso

cappuccino

cappuccino

banana

banana

poma

manzana

taronja

naranja

síndria

melón

llimona

limón

pastanaga

zanahoria

all

ajo

bambú

bambú

ceba

cebolla

bolet

champiñón

avellanes

nueces

fideus

fideos

espaguetis
tallarines

arròs
arroz

amanida
ensalada

patates fregides
papas fritas

patates fregides
papas fritas

pizza
pizza

hamburguesa
hamburguesa

entrepà
sándwich

escalopa
churrasco

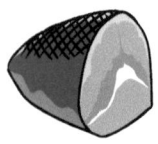

cuixot
jamón

salami
salame

salsitxa
salchicha

pollastre
pollo

rostit
asado

peix
pescado

flocs de civada

copos de avena

musli

muesli

cereals

copos de maiz

farina

harina

croissant

medialuna

panet

pancito

pa

pan

torrada

tostada

bescuits

galletitas

mantega

manteca

mató

cuajada

pastís

torta

ou

huevo

ou fregit

huevo frito

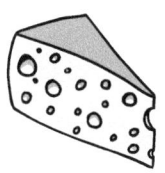

formatge

queso

menjar - comida

gelat

helado

sucre

azúcar

mel

miel

melmelada

mermelada

crema de xocolata

pasta de chocolate

curri

curry

menjar - comida

granja
granja

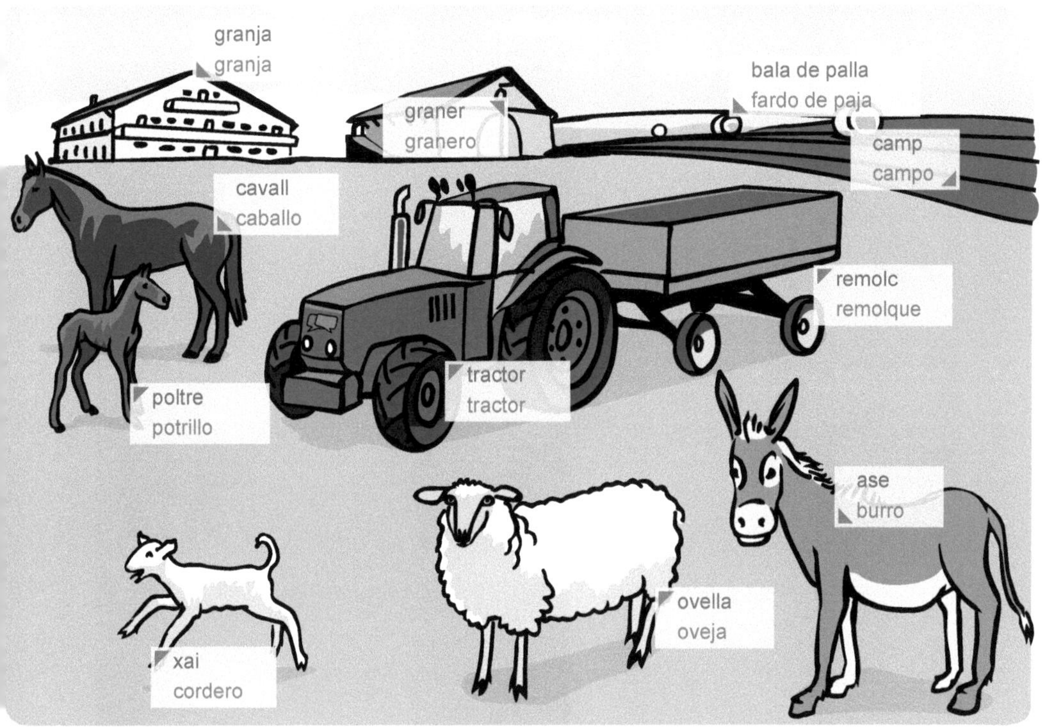

granja
granja
graner
granero
bala de palla
fardo de paja
camp
campo
cavall
caballo
remolc
remolque
tractor
tractor
poltre
potrillo
ase
burro
ovella
oveja
xai
cordero

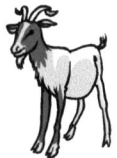

cabra
cabra

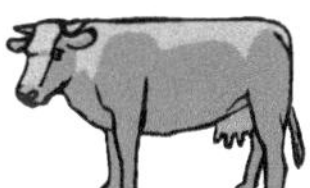

vaca
vaca

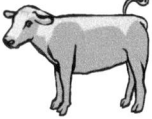

vedella
ternero

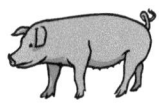

porc
cerdo

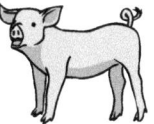

garrí
lechón

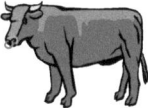

bou
toro

oca
ganso

ànec
pato

poll
pollo

gall
gallina

gallina
gallo

rata
rata

gat
gato

ratolí
ratón

bou
buey

gos
perro

gossera
cucha

mànega de regar
manguera

regadora
regadera

dalla
guadaña

arada
arado

falç
hoz

aixada
azada

forca
horquilla

destral
hacha

carretó
carretilla

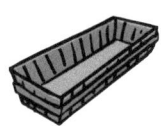

abeurador
abrevadero

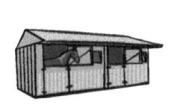

lletera
lechera

sac
bolsa

tanca
reja

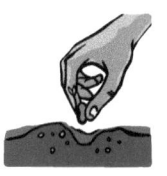

establa
establo

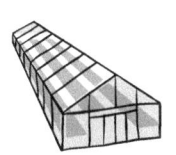

hivernacle
invernadero

sòl
suelo

llavor
semilla

adob
fertilizador

collidora
cosechadora

collir

cosechar

collita

cosecha

nyam

batatas

blat

trigo

soja

soja

patata

papa

blat de moro o d'indi

maíz

colza

semilla de colza

arbre fruiter

árbol frutal

mandioca

mandioca

cereals

cereales

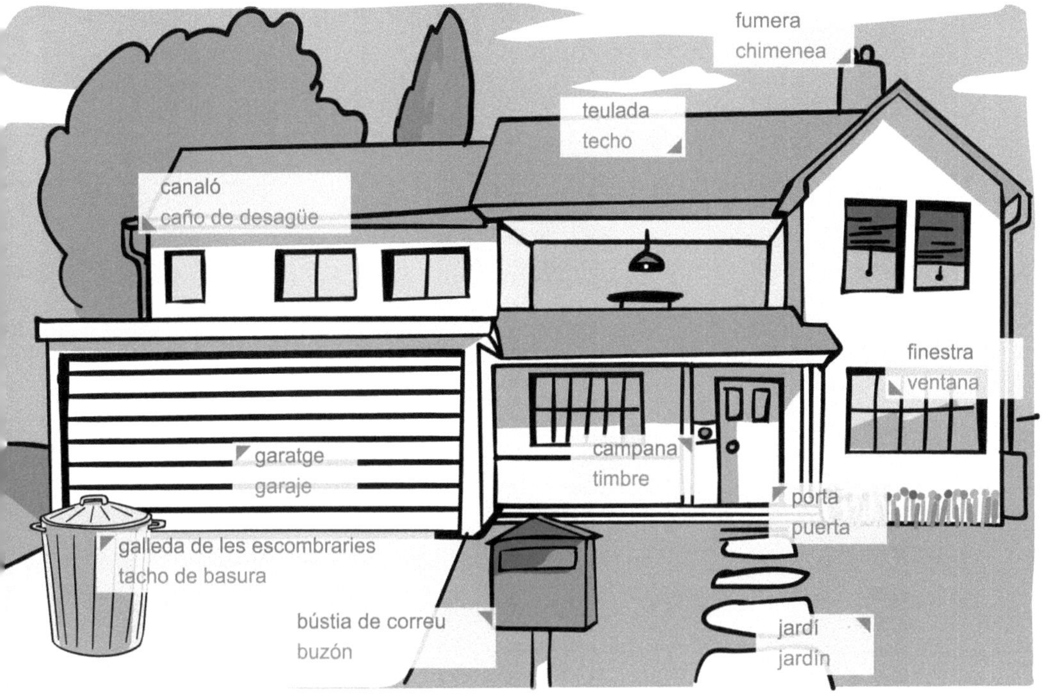

fumera
chimenea

teulada
techo

canaló
caño de desagüe

finestra
ventana

garatge
garaje

campana
timbre

porta
puerta

galleda de les escombraries
tacho de basura

bústia de correu
buzón

jardí
jardín

sala d'estar

living

bany

baño

cuina

cocina

cambra de dormir

dormitorio

cambra de nen

cuarto de los chicos

menjador

comedor

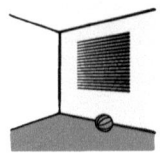

sòl

piso

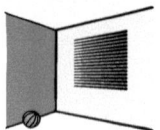

paret

pared

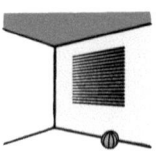

sostre

cielorraso

soterrani

sótano

sauna

sauna

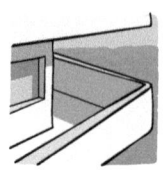

balcó

balcón

terrassa

terraza

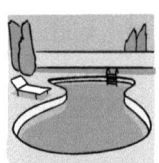

piscina

pileta

tallagespa

cortadora de pasto

vànova

sábana

cobrellit

acolchado

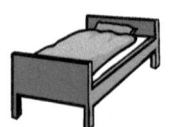

llit

cama

escombra

escoba

galleda

balde

interruptor

interruptor

sala d'estar
living

paper de paret
empapelado
quadre
imagen
làmpada
lámpara
prestatge
estante
armari
armario
televisor
televisión
escalfapanxes
chimenea
flor
flor
coixí
almohadón
sofà
sofá
gerro
florero
telecomanda
control remoto

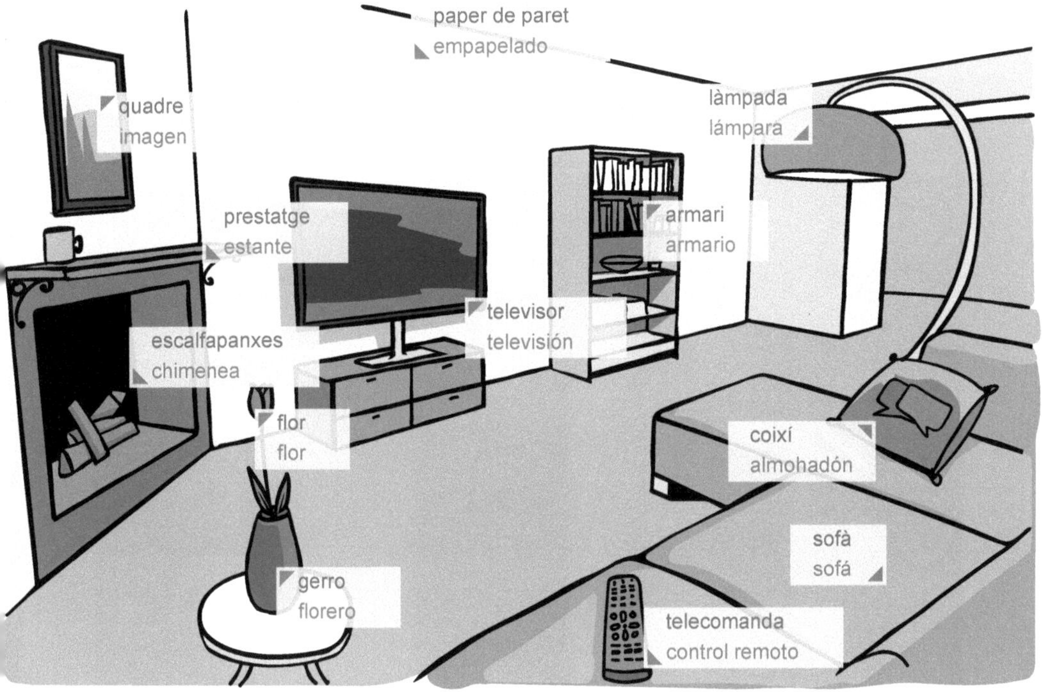

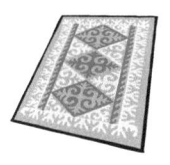

catifa
alfombra

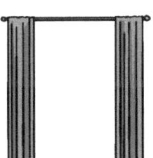

cortina
cortina

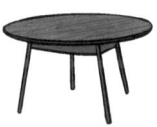

taula
mesa

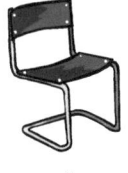

cadira
silla

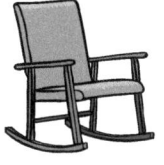

cadira gronxadora
mecedora

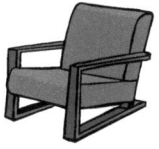

cadiral
sillón

llibre
libro

llençol
frazada

decoració
decoración

llenya
leña

film
película

cadena de música
equipo de música

clau
llave

diari
diario

pintura
pintura

cartell
póster

ràdio
radio

bloc de notes
cuaderno

aspiradora
aspiradora

cactus
cactus

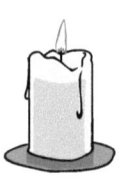

candela
vela

cuina
cocina

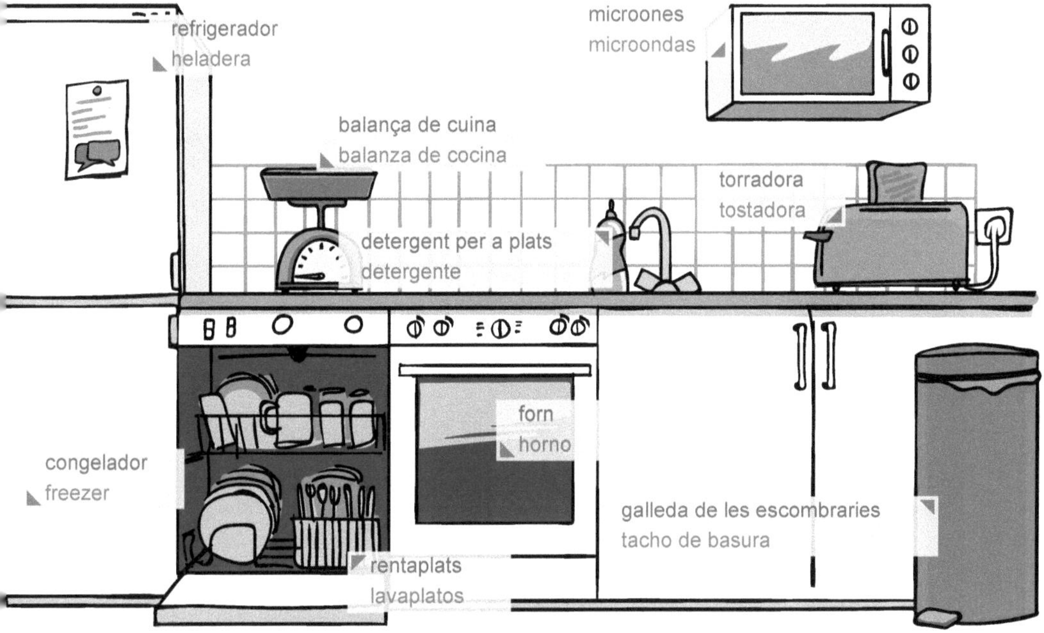

refrigerador
heladera
microones
microondas
balança de cuina
balanza de cocina
torradora
tostadora
detergent per a plats
detergente
forn
horno
congelador
freezer
galleda de les escombraries
tacho de basura
rentaplats
lavaplatos

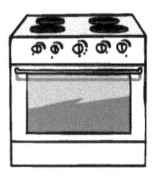

cuina de fogons

cocina

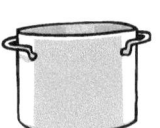

olla

olla

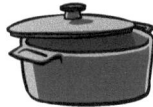

olla de ferro colat

olla de hierro fundido

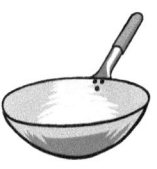

wok / karahi

wok

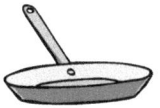

paella

sartén

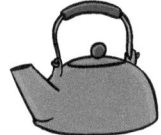

bullidor

pava

olla de vapor

vaporera

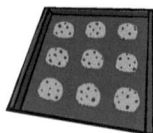

plata de forn

bandeja de horno

vaixella

vajilla

tassa grossa

taza

bol

bol

bastonets xinesos

palitos

culler

cucharón

espàtula

estpátula

batedor

batidora

colador

colador

sedàs

colador

ratllador

rallador

morter

mortero

barbacoa

parrilla

foc a terra

fogata

cuina - cocina

taula de tallar

tabla de picar

corró

palo de amasar

llevataps

sacacorchos

pot de conserva

lata

obridor

abrelatas

agafador

manopla

aigüera

pileta

raspall

cepillo

esponja

esponja

batedora

batidora

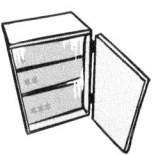

congelador

congelador

biberó

mamadera

aixeta

canilla

bany
baño

dutxa
ducha
calefacció
calefacción
tovallola
toalla
cortina de dutxa
cortina de ducha
bany de bombolles
baño de espuma
banyera
bañadera
got
vaso
rentadora
lavarropas
aixeta
canilla
rajoles
baldosas
orinal
pelela
aigüera
pileta

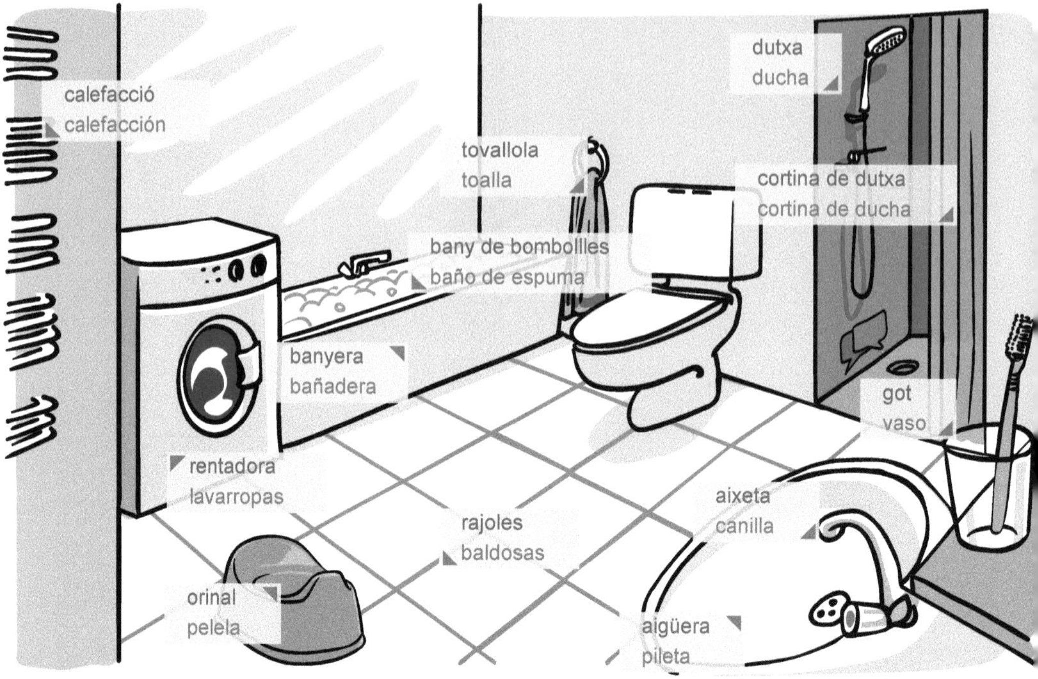

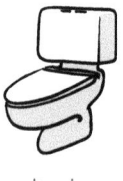

lavabo

inodoro

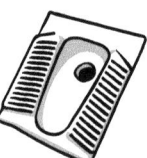

lavabo turc

letrina

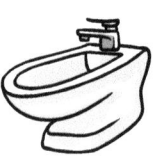

bidet

bidé

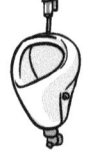

orinador

mingitorio

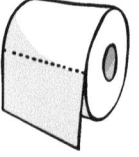

paper higiènic

papel higiénico

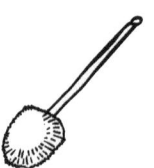

escombreta de sanitari

cepillo para el inodoro

raspall de dents

cepillo de dientes

pasta de dents

dentífrico

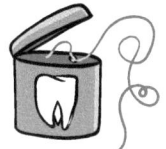

fil dental

hilo dental

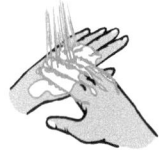

rentar

lavar

pom de dutxa

ducha de mano

dutxa íntima

ducha higiénica

rentamans

palangana

raspall per a l'esquena

cepillo para espalda

sabó

jabón

gel de dutxa

gel de ducha

xampú

shampoo

manyopla de bany

toallita

bonera

desagüe

crema

crema

desodorant

desodorante

mirall

espejo

mirall-espill de mà

espejito

maquineta de rasar

maquinita de afeitar

espuma de barbejar

espuma de afeitar

loció post-rasada

aftershave

pinta

peine

raspall

cepillo

eixugador

secador de pelo

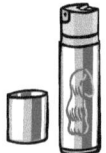

laca

spray

maquillatge

maquillaje

pintallavis

lápiz de labios

esmalt d'ungles

esmalte para uñas

cotó

algodón

tallaungles

tijera para uñas

perfum

perfume

estoig de bellesa

portacosméticos

tamboret

banqueta

bàscula

balanza

barnús

bata

guants de goma

guantes de goma

compresa higiènica

tampón

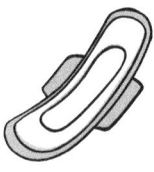

compresa

toallita femenina

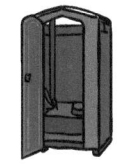

sanitari químic

baño químico

cambra de nen
cuarto de los chicos

despertador
despertador
animal de peluix
peluche
auto de joguina
coche de juguete
sonall
sonajero
casa de nines
casa de muñecas
present
regalo

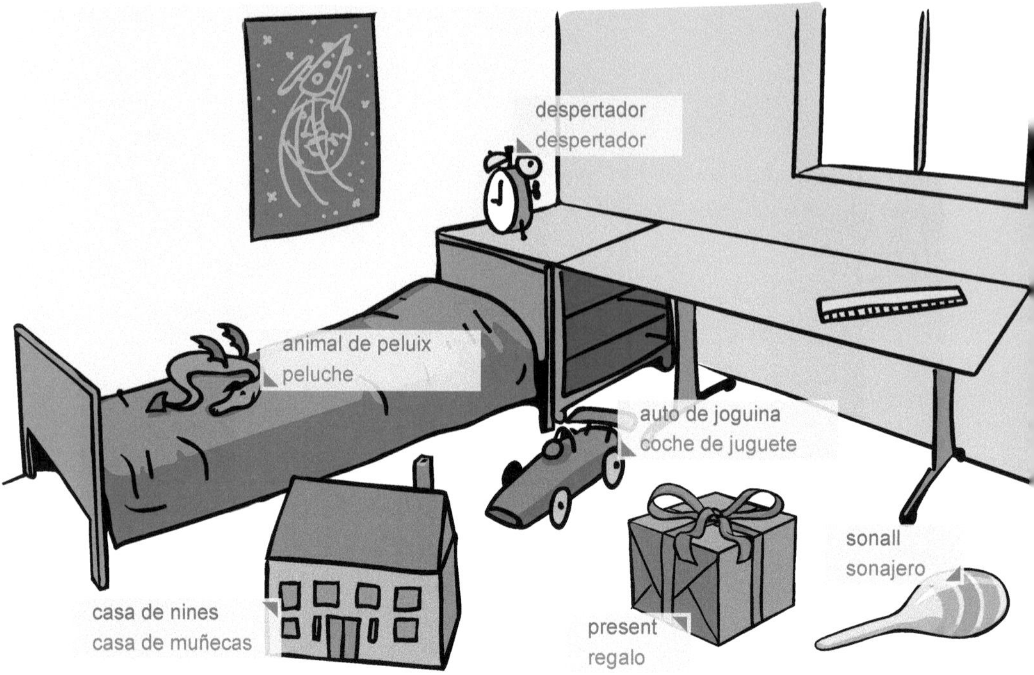

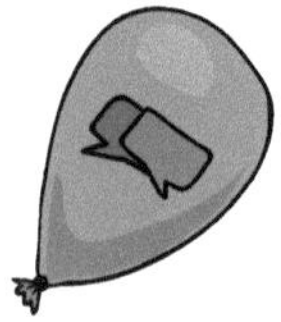

baló

globo

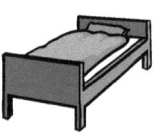

llit

cama

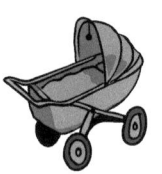

cotxet per a nens

cochecito

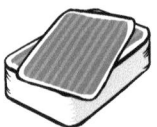

joc de cartes

cartas

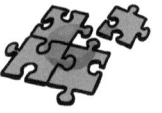

trencaclosca

rompecabezas

SUPER MEGA

historieta

historieta

peces de lego

piezas de lego

peces de construcció

ladrillos de juguete

ninot d'acció

figura de acción

granota

enterito (de bebé)

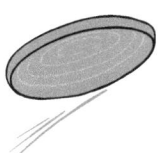

frisbee

frisbee

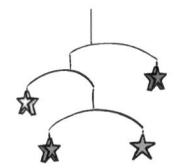

mòbil per a bressol

móvil para bebés

joc de taula

juego de mesa

daus

dados

tren elèctric

tren eléctrico

xumet

chupete

festa

fiesta

llibre de dibuixos

libro de cuentos ilustrado

pilota

pelota

nina

muñeca

jugar

jugar

sorrera

arenero

gronxador

hamaca

joguines

juguetes

consola de jocs de vídeo

consola de videojuegos

tricicle

triciclo

osset de peluix

osito de peluche

armari

armario

roba

ropa

mitjons

medias

mitges

medias panty

mitja pantaló

calzas

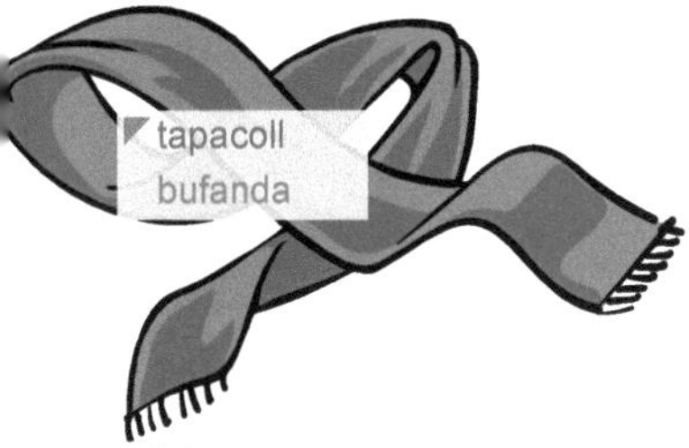

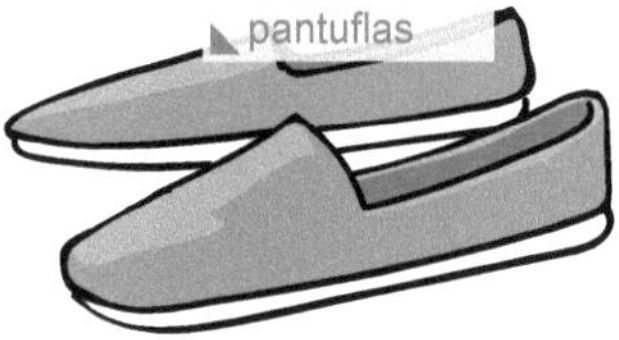

tapacoll
bufanda

paraigua
paraguas

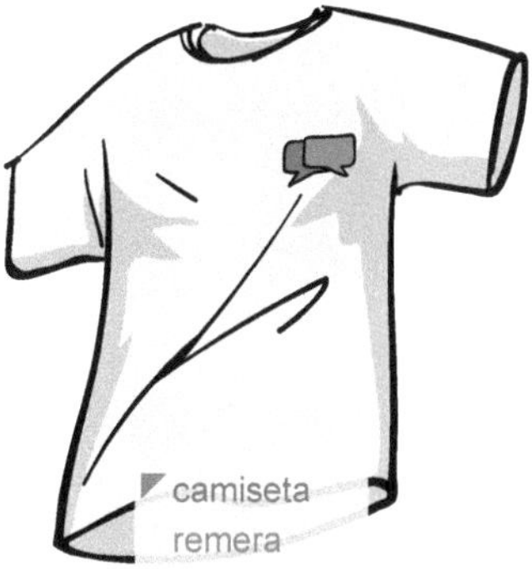

camiseta
remera

cintura
cinturón

botes
botas

plantofes
pantuflas

sabates d'esport
zapatillas

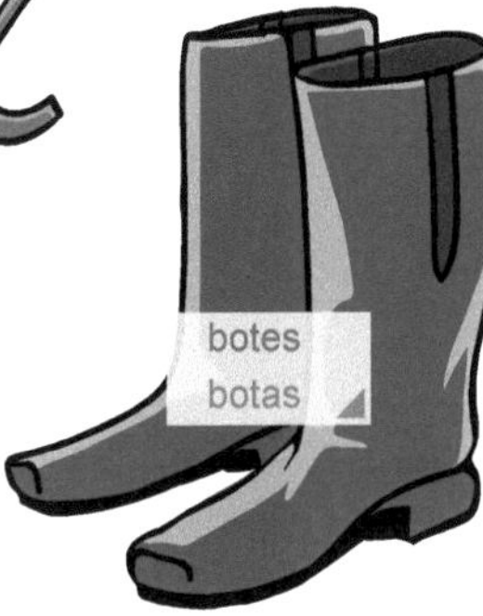

sandàlies
....
sandalias

sabates
....
zapatos

botes de goma
....
botas de goma

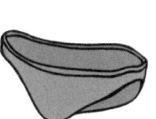

calçonets
....
ropa interior

sostenidor
....
corpiño

guardapits
....
chaleco

roba - ropa

jjustacòs

body

pantalons

pantalones

jeans

jeans

faldeta

pollera

brusa

blusa

camisa

camisa

jersei

pulóver

dessuadora

buzo

blazer

blazer

jaqueta

campera

mantell

tapado

impermeable

piloto

vestit de dona

traje

vestit de dona

vestido

vestit de núvia

vestido de novia

vestit d'home

traje

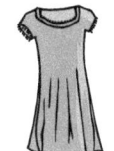

camisa de dormir

camisón

pijama

pijama

sari

sari

mocador de cap

pañuelo para cabeza

turbant

turbante

burca

burka

caftan

caftán

abaia

abaya

vestit de bany

traje de baño

calçon(et)s de bany

short de baño

pantalons curts

shorts

xandall

jogging

davantal

delantal

guants

guantes

botó

botón

ulleres

anteojos

braçalet

pulsera

collaret

collar

anell

anillo

orellera

aro

casquet

gorra

penjador

percha

capell

sombrero

corbata

corbata

cremallera

cierre

casc

casco

elàstics

tiradores

uniforme escolar

uniforme escolar

uniforme

uniforme

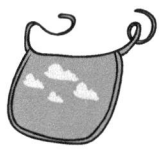

pitet

babero

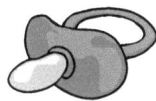

xumet

chupete

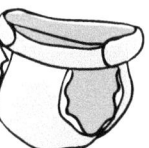

bolquer

pañal

oficina
oficina

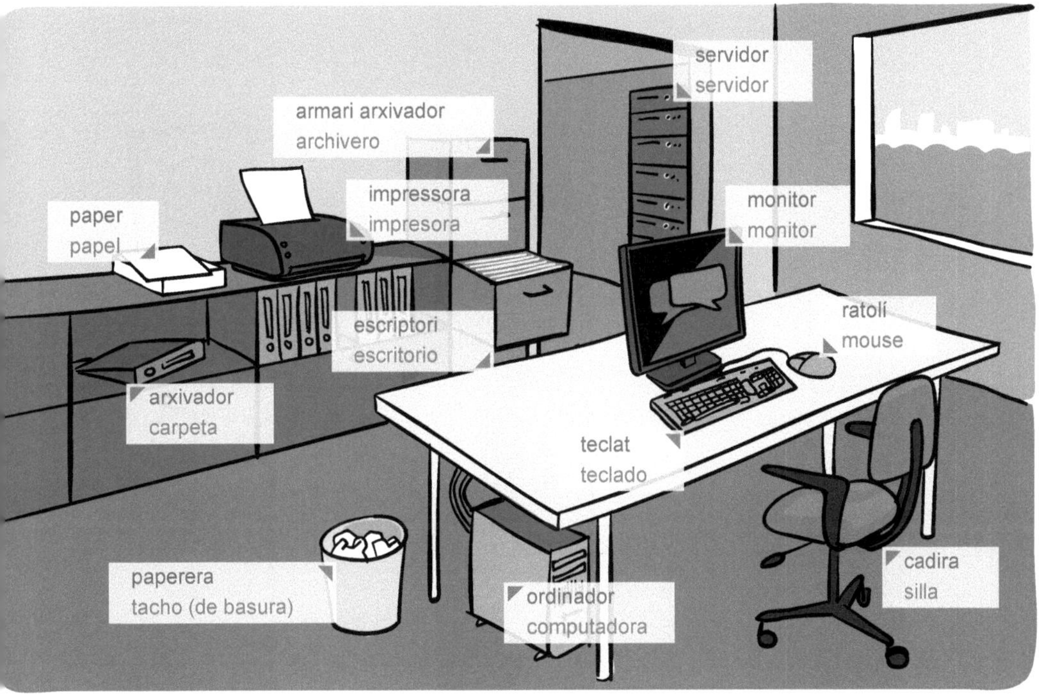
servidor
servidor
armari arxivador
archivero
impressora
impresora
paper
papel
monitor
monitor
ratolí
mouse
escriptori
escritorio
arxivador
carpeta
teclat
teclado
paperera
tacho (de basura)
ordinador
computadora
cadira
silla

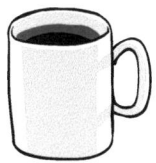

tassa de cafè

taza de café

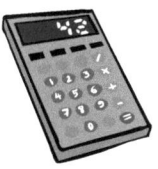

calculadora

calculadora

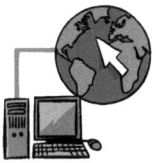

Internet

internet

ordinador portàtil
laptop

lletra
carta

missatge
mensaje

mòbil
celular

xarxa
red

fotocopiadora
fotocopiadora

programari
software

telèfon
teléfono

presa de corrent
tomacorriente

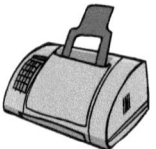

fax
fax

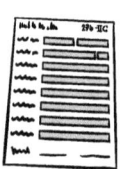

formulari
formulario

document
documento

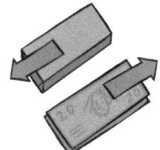

comprar

comprar

pagar

pagar

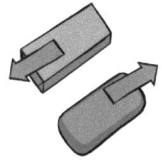

comerciar

hacer negocios

diners

dinero

dòlar

dólar

euro

euro

ien

yen

ruble

rublo

franc suís

franco suizo

renminbi

yuan

rupia

rupia

caixa automàtica

cajero automático

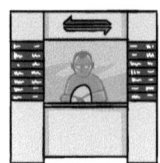

oficina de canvi
casa de cambio

or
oro

argent
plata

petroli
petróleo

energia
energía

preu
precio

contracte
contrato

impost
impuesto

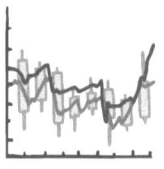

acció
acción

treballar
trabajar

treballador
empleado

empresari
empleador

fàbrica
fábrica

botiga
negocio

oficis
ocupaciones

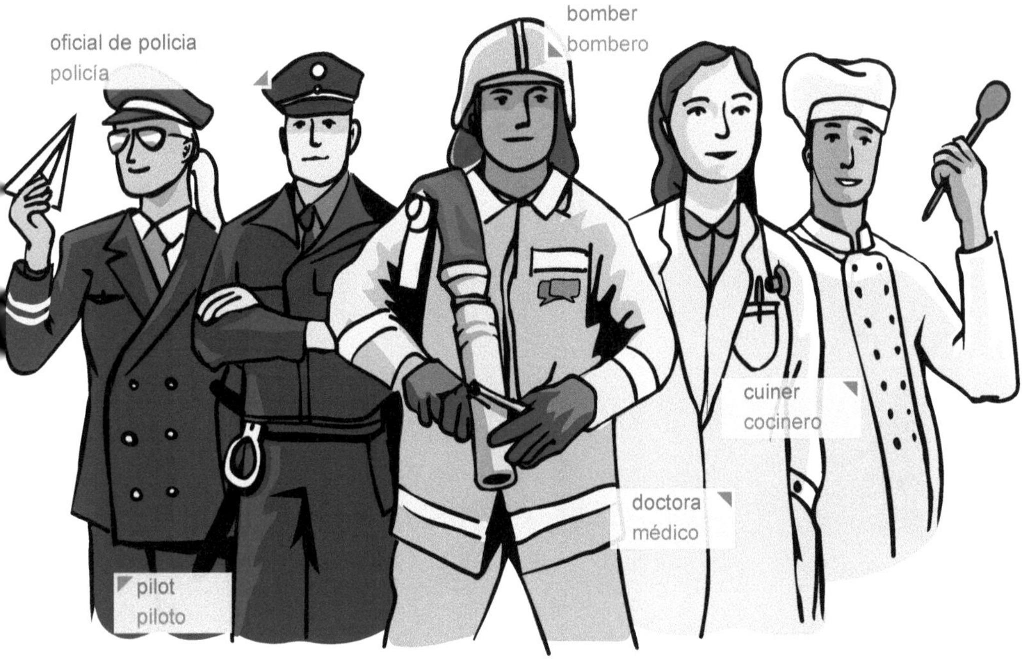

oficial de policia
policía
bomber
bombero
cuiner
cocinero
doctora
médico
pilot
piloto

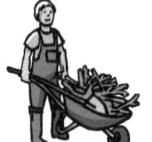

jardiner

jardinero

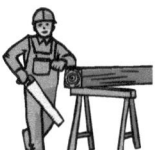

fuster

carpintero

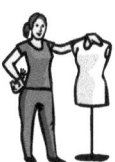

costurera

modista

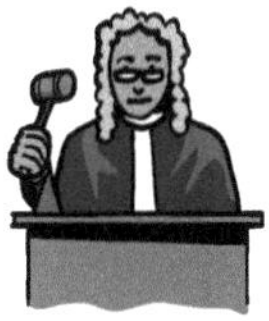

jutge

juez

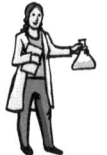

química

farmacéutico

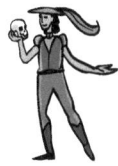

actor

actor

conductor d'autobús

colectivero

taxista

taxista

pescador

pescador

dona de la neteja

mucama

ensostrador

techista

cambrer

mozo

caçador

cazador

pintor

pintor

forner

panadero

electricista

electricista

obrer de la construcció

albañil

enginyer

ingeniero

carnisser

carnicero

llanterner

plomero

correu

cartero

soldat

soldado

arquitecte

arquitecto

caixera

cajero

florista

florista

perruquer

peluquero

revisor

cobrador

mecànic

mecánico

capità

capitán

dentista

dentista

científic

científico

rabí

rabino

imam

imán

monjo

monje

capellà

sacerdote

eines

herramientas

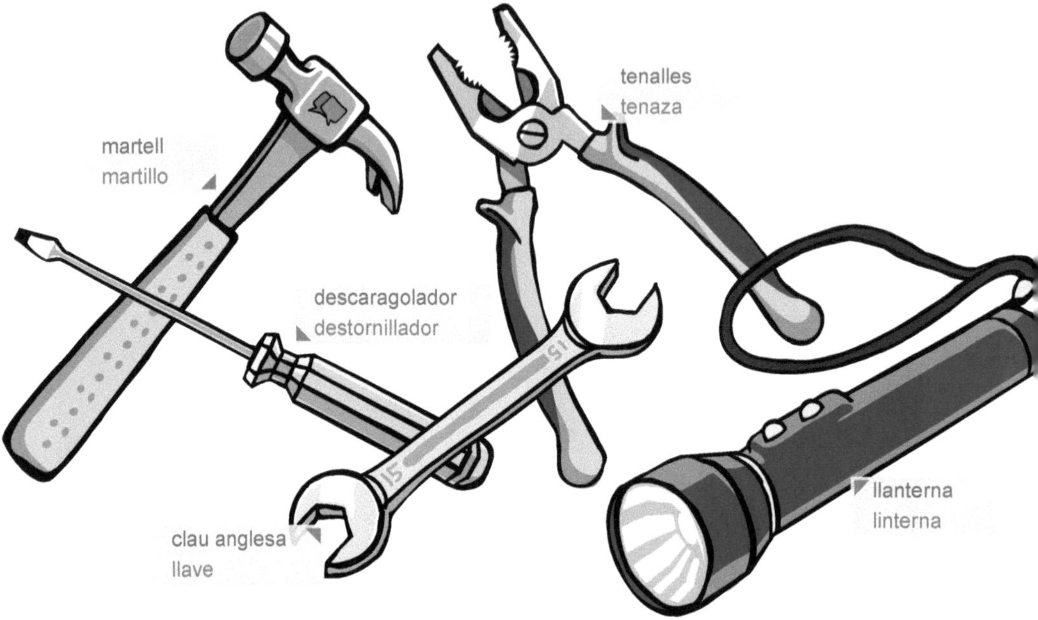

martell
martillo
tenalles
tenaza
descaragolador
destornillador
clau anglesa
llave
llanterna
linterna

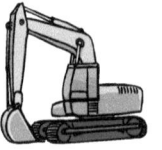

excavadora

excavadora

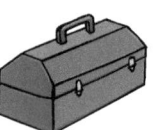

caixa d'eines

caja de herramientas

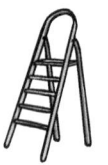

escala

escalera portátil

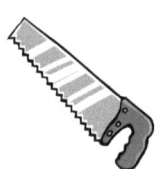

serra

sierra

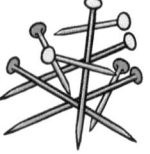

claus

clavos

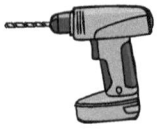

trepant

taladro

reparar

arreglar

pala

pala de jardín

Maleït siga!

¡Qué bronca!

pala

pala de plástico

pot de pintura

tacho de pintura

caragols

tornillos

instrument de música
instrumentos musicales

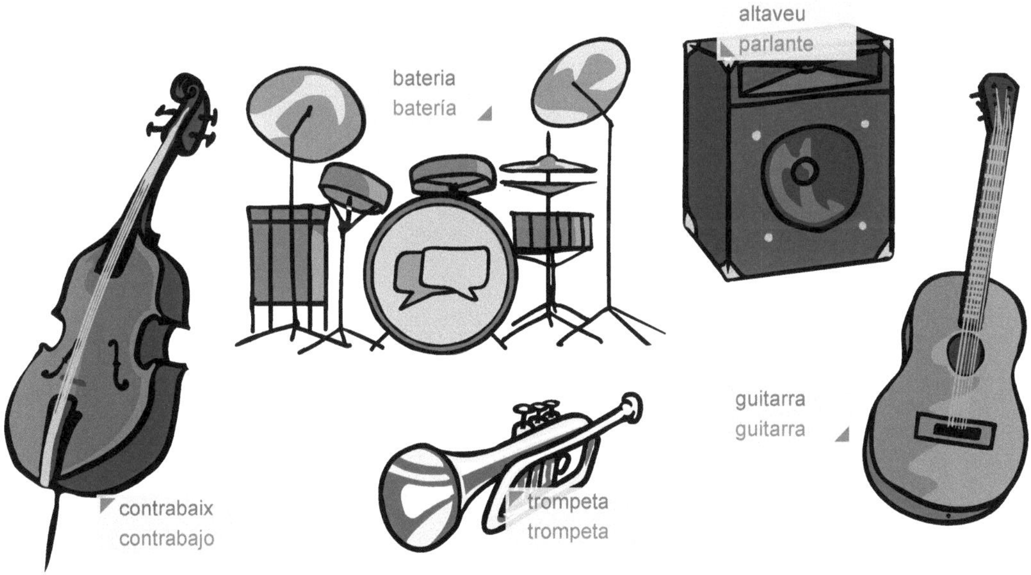

altaveu
parlante

bateria
batería

guitarra
guitarra

contrabaix
contrabajo

trompeta
trompeta

piano
piano

violí
violín

baix
bajo

timbal
timbales

tambor
tambor

teclat
teclado

saxofon
saxofón

flauta
flauta

micròfon
micrófono

zoo
zoológico

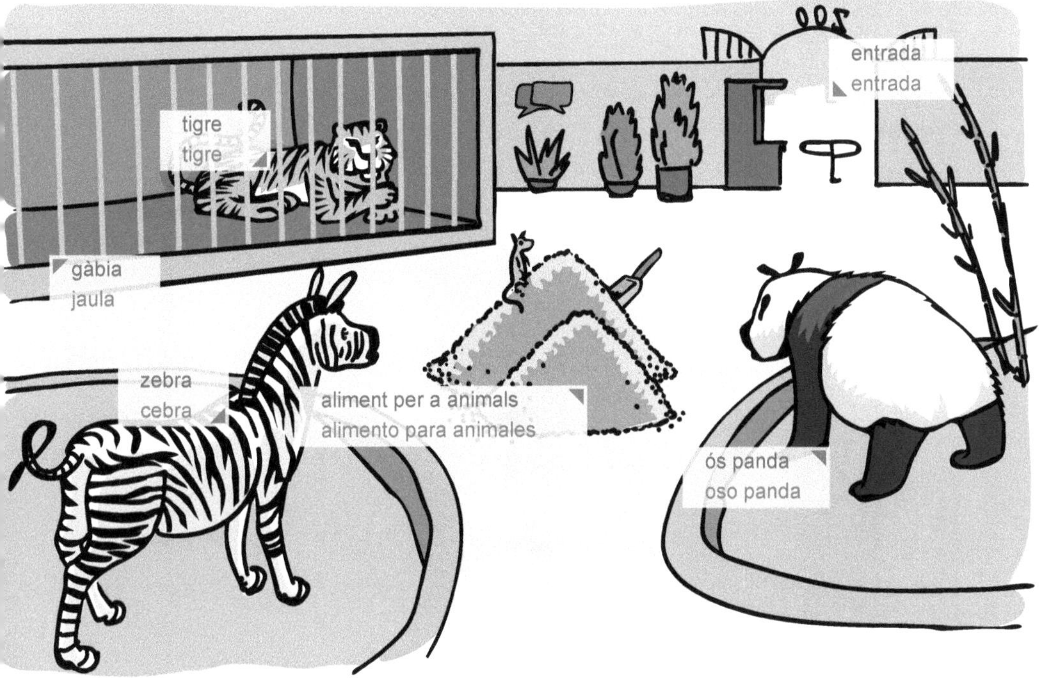
tigre
tigre
entrada
entrada
gàbia
jaula
zebra
cebra
aliment per a animals
alimento para animales
ós panda
oso panda

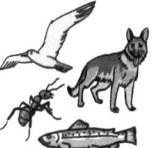

animals
animales

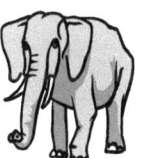

elefant
elefante

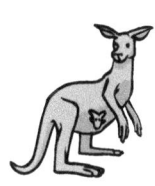

cangurú
canguro

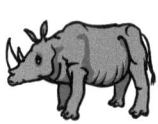

rinoceront
rinoceronte

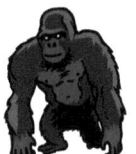

goril·la
gorila

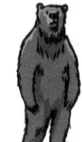

ós
oso

camell

camello

estruç

avestruz

lleó

león

simi

mono

flamenc

flamenco

papagai

loro

ós polar

oso polar

pingüí

pingüino

ca mari

tiburón

paó

pavo real

serp

serpiente

cocodril

cocodrilo

guardià del zoo

cuidador del zoológico

foca

foca

jaguar

jaguar

poni
poni

lleopard
leopardo

hipopòtam
hipopótamo

girafa
jirafa

àliga
águila

senglar
jabalí

peix
pescado

tortuga
tortuga

morsa
morsa

guineu
zorro

gasela
gacela

zoo - zoológico

futbol americà
fútbol americano

ciclisme
ciclismo

tenis
tenis

bàsquet
básquet

natació
natación

boxa
boxeo

hoquei sobre gel
hockey sobre hielo

futbol americà
....
fútbol

bàdminton
....
bàdminton

atletisme
....
atletismo

handbol
....
handball

esquí
....
esquí

polo
....
polo

activitats
actividades

saltar
saltar
abraçar
abrazar
riure
reír
anar
caminar
cantar
cantar
somiar
soñar
pregar
rezar
fer un petó
besar

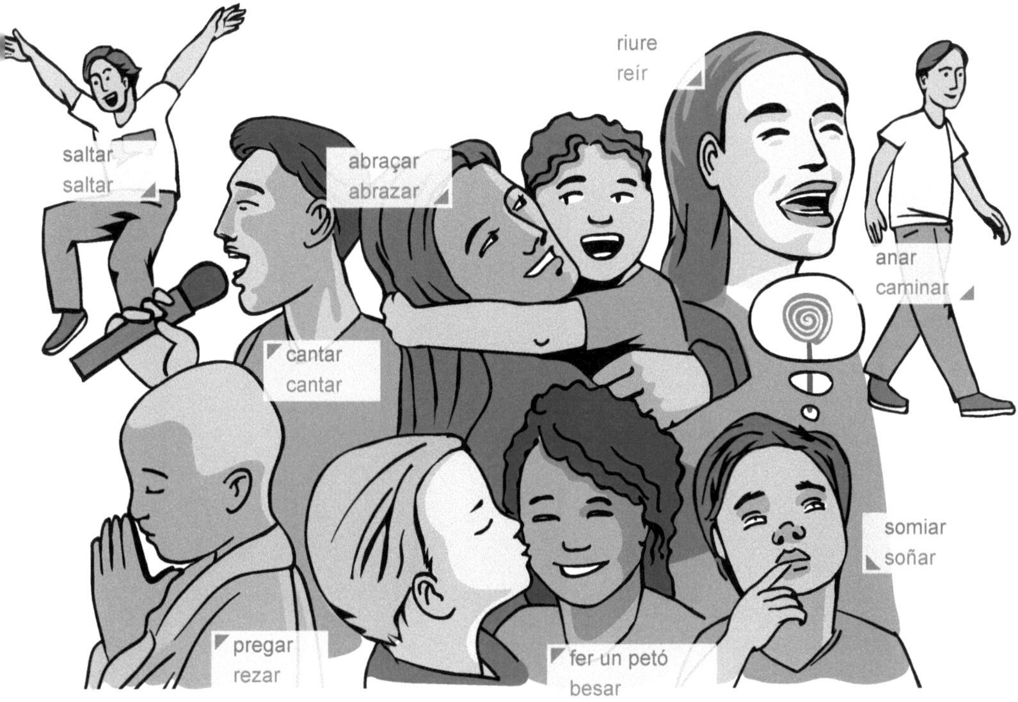

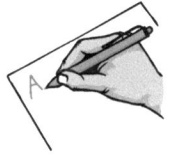

escriure
escribir

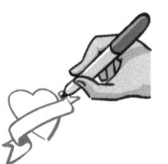

dibuixar
dibujar

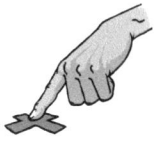

mostrar
mostrar

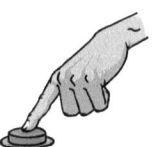

pitjar
presionar

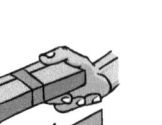

donar
dar

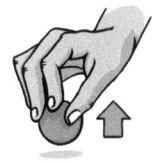

prendre
tomar

tenir
tener

fer
hacer

ésser
ser

estar dret
estar parado

córrer
correr

estirar
tirar

llançar
tirar

caure
caer

jeure
estar acostado

esperar
esperar

portar
llevar

asseure's
estar sentado

vestir-se
vestirse

dormir
dormir

despertar-se
despertar

mirar
mirar

plorar
llorar

amoixar
acariciar

pentinar
peinar

parlar
hablar

comprendre
entender

demanar
preguntar

escoltar
escuchar

beure
beber

menjar
comer

endreçar
ordenar

estimar
amar

cuinar
cocinar

conduir
manejar

volar
volar

navegar
navegar

calcular
calcular

llegir
leer

aprendre
aprender

treballar
trabajar

casar-se
casarse

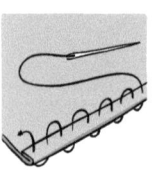

cosir
coser

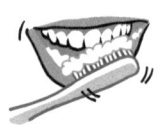

raspallar-se les dents
cepillarse los dientes

matar
matar

fumar
fumar

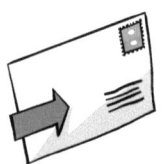

enviar
enviar

àvia
abuela

avi
abuelo

pare
padre

mare
madre

nadó
bebé

filla
hija

fill
hijo

convidat

invitado

tia

tia

oncle

tío

germà

hermano

germana

hermana

cos

cuerpo

front
frente
ull
ojo
cara
cara
barbeta
pera
pit
pecho
dit
dedo
mà
mano
braç
brazo
espatlla
hombro
cama
pierna

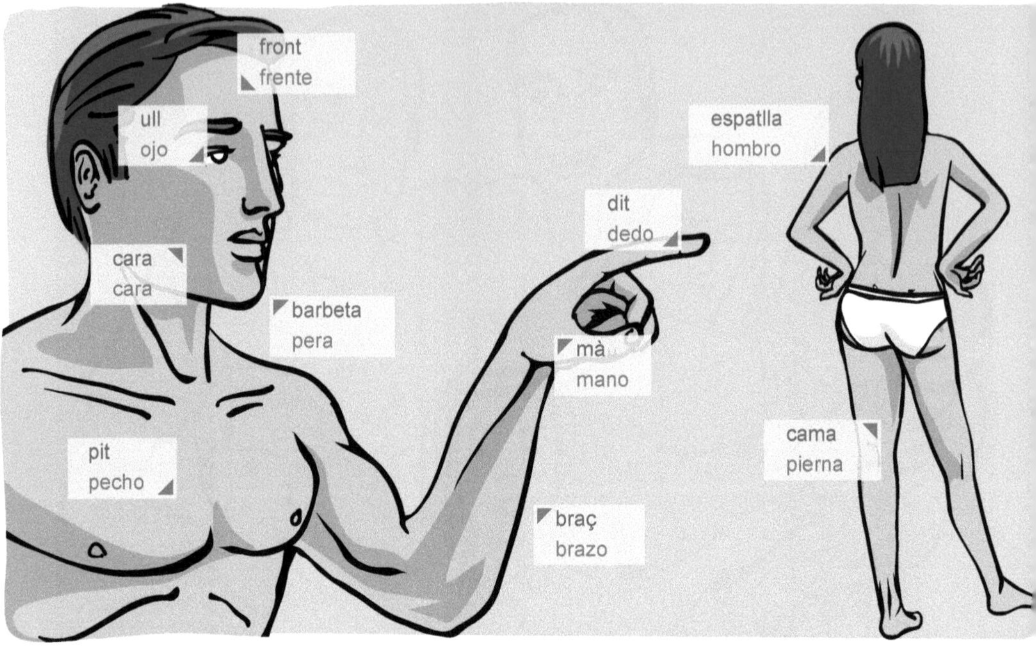

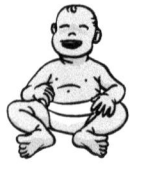

nadó
bebé

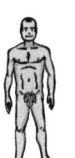

home
hombre

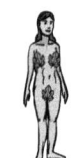

dona
mujer

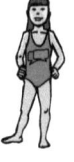

noia
nena

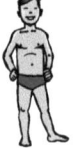

noi
nene

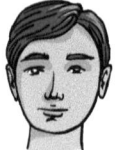

cap
cabeza

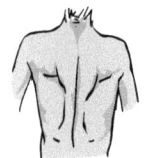

esquena

espalda

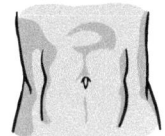

panxa

panza

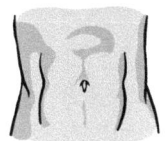

melic

ombligo

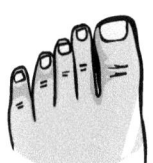

dit gros del peu

dedo del pie

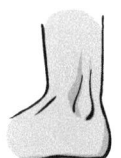

taló

talón

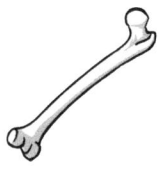

os

hueso

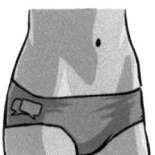

maluc

cadera

genoll

rodilla

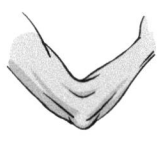

colze

codo

nas

nariz

cul

cola

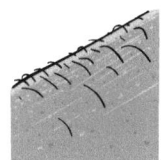

pell

piel

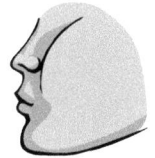

galta

cachete

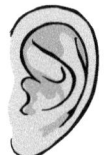

orella

oreja

llavi

labio

cos - cuerpo

boca

boca

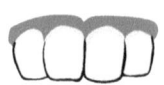

dent

diente

llengua

lengua

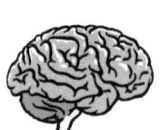

cervell

cerebro

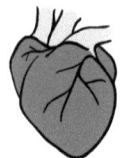

cor

corazón

múscul

músculo

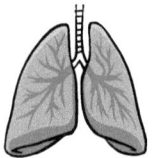

pulmó

pulmón

fetge

hígado

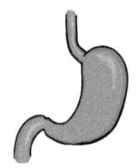

estómac

estómago

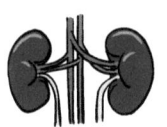

ronyó

riñones

relació sexual

sexo

preservatiu

preservativo

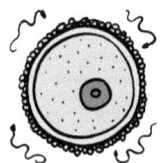

ovari

óvulo

semen

semen

prenyat

embarazo

cos - cuerpo

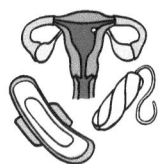

menstruació
menstruación

vagina
vagina

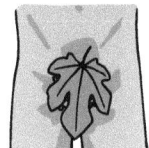

penis
pene

cella
ceja

cabells
pelo

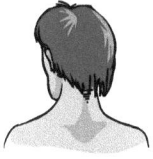

coll
cuello

hospital
hospital

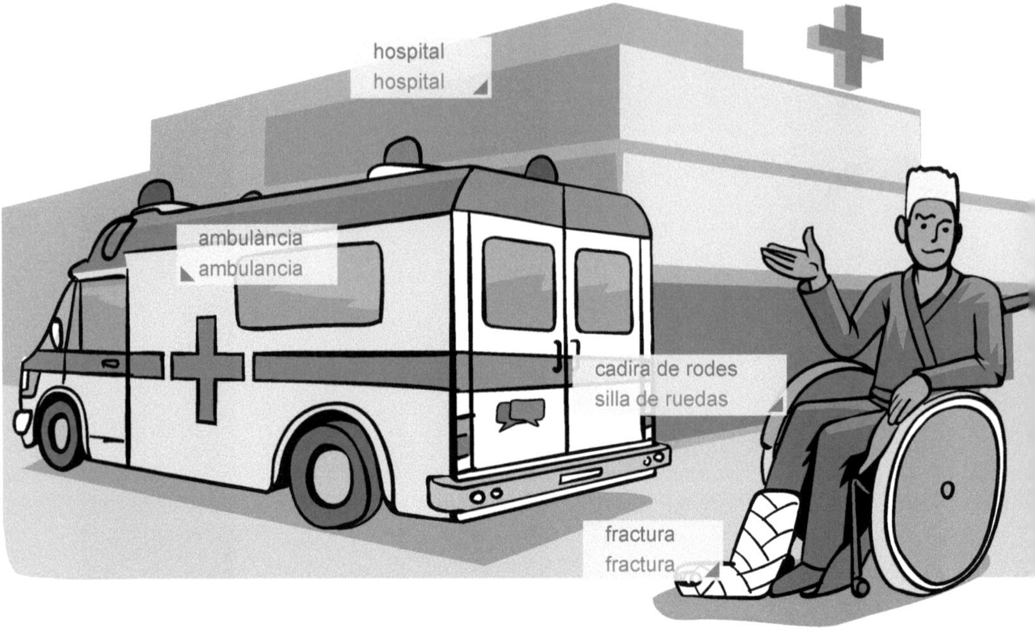

hospital
hospital
ambulància
ambulancia
cadira de rodes
silla de ruedas
fractura
fractura

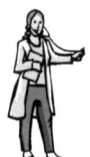

doctora
médico

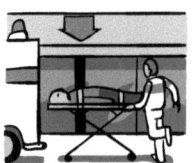

sala d'urgències
sala de guardia

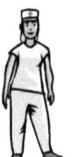

infermera
enfermera

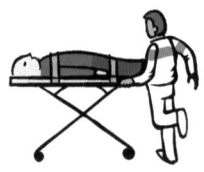

urgència
emergencia

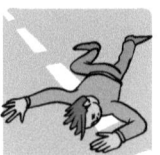

inconscient
inconsciente

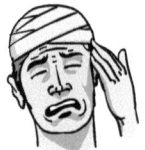

dolor
dolor

ferida

lesión

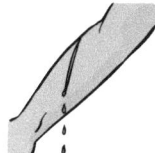

sagnament

hemorragia

atac de cor

infarto

apoplexia

ACV

al·lèrgia

alergia

tos

tos

febre

fiebre

gripa

gripe

diarrea

diarrea

mal de cap

dolor de cabeza

càncer

cáncer

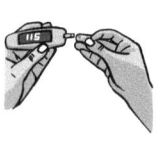

diabetis

diabetes

cirurgià

cirujano

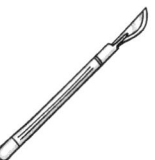

escalpel

bisturí

operació

operación

tomografia computada (TC), TAC

TC

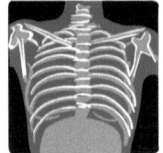

raigs x

rayos x

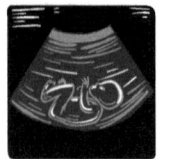

ultrasò

ecografía

mascareta

barbijo

malaltia

enfermedad

sala d'espera

sala de espera

crossa

muleta

tireta

curita

embenat

venda

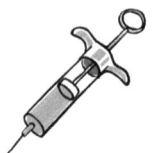

injecció

inyección

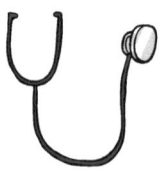

estetoscopi

estetoscopio

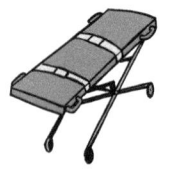

llitera

camilla

termòmetre clínic

termómetro

pariment

nacimiento

sobrepès

sobrepeso

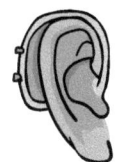

aparell auditiu

audífono

desinfectant

desinfectante

infecció

infección

virus

virus

VIH / SIDA

VIH / SIDA

medicina

remedio

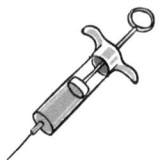

vaccí

vacunación

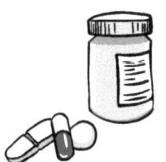

comprimits

comprimidos

píl·lola

pastilla anticonceptiva

trucada d'urgència

llamada de emergencia

tensiòmetre

tensiómetro

malalt / sà

enfermo / sano

Socors!

¡Ayuda!

alarma

alarma

assalt

agresión

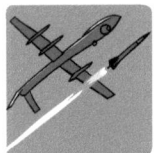

atac

ataque

perill

peligro

sortida-eixida d'urgència

salida de emergencia

Foc!

¡Fuego!

extintor

matafuego

accident

accidente

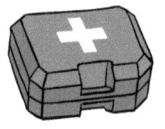

farmaciola de primers auxilis

botiquín de primeros auxilios

SOS

SOS

policia

policía

Europa

Europa

Amèrica del Nord

América del Norte

Amèrica del Sud

América del Sur

Àfrica

África

Àsia

Asia

Austràlia

Australia

Atlàntic

Atlántico

Pacífic

Pacífico

Oceà Índic

Océano Índico

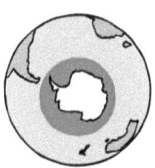

Oceà Antàrtic

Océano Antártico

Oceà Àrtic

Océano Ártico

pol nord

polo norte

pol sud
polo sur

Antàrtida
Antártida

terra
Tierra

país
tierra

mar
mar

illa
isla

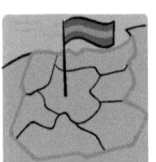

nació
nación

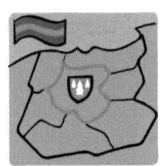

estat
estado

quadrant

esfera

agulla de les hores

manecilla de las horas

agulla dels minuts

minutero

agulla dels segons

segundero

Quina hora és?

¿Qué hora es?

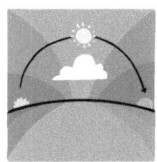

dia

día

temps

hora

ara

ahora

rellotge digital

reloj digital

minut

minuto

hora

hora

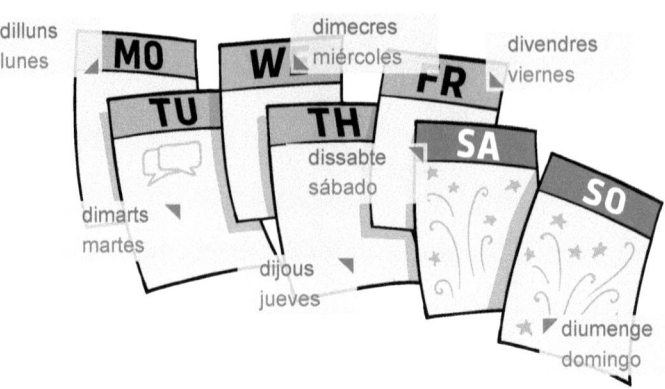

dilluns / lunes
dimecres / miércoles
divendres / viernes
dimarts / martes
dissabte / sábado
dijous / jueves
diumenge / domingo

ahir
ayer

avui
hoy

demà
mañana

matí
mañana

migdia
mediodía

tarda
tarde

dia feiner
días hábiles

cap de setmana
fin de semana

pluja
lluvia

arc de Sant Martí
arco iris

neu
nieve

vent
viento

primavera
primavera

tardor
otoño

estiu
verano

hivern
invierno

4.APRIL	11°	☀
5.APRIL	4°	⛅
6.APRIL	13°	⛅
7.APRIL	8°	☀
8.APRIL	10°	☀

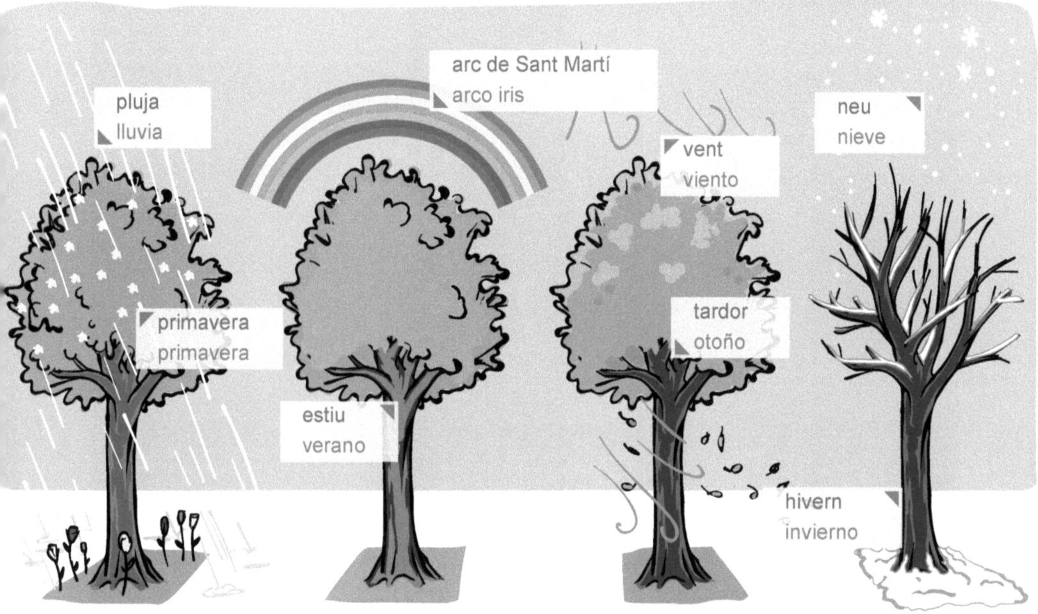

pronòstic del temps

pronóstico meteorológico

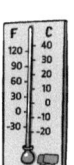

termòmetre

termómetro

llum del sol

luz del sol

núvol

nube

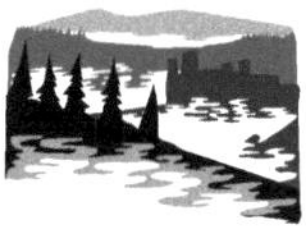

boira

niebla

humiditat de l'aire

humedad

llamp

rayo

tro

trueno

tempesta

tormenta

calamarsa

granizo

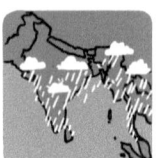

monsó

monzón

inundació

inundación

gel

hielo

gener

enero

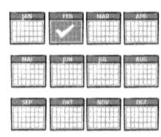

febrer

febrero

març

marzo

abril

abril

maig

mayo

juny

junio

juliol

julio

agost

agosto

any - año

setembre
....
septiembre

octubre
....
octubre

novembre
....
noviembre

desembre
....
diciembre

formes
formas

cercle
....
círculo

quadrat
....
cuadrado

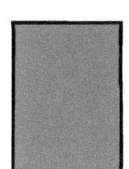

rectangle
....
rectángulo

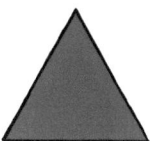

triangle
....
triángulo

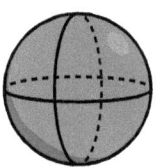

esfera
....
esfera

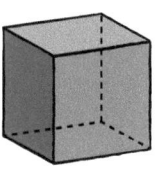

cub
....
cubo

blanc

blanco

groc

amarillo

taronja

naranja

rosa

rosa

vermell

rojo

lila

violeta

blau

azul

verd

verde

marró

marrón

gris

gris

negre

negro

molt / poc

mucho / poco

emprenyat / tranquil

enojado / tranquilo

bonic / lleig

lindo / feo

començament / fi

principio / fin

gran / petit

grande / chico

clar / fosc

claro / oscuro

germà / germana

hermano / hermana

net / brut

limpio / sucio

complet / incomplet

completo / incompleto

dia / nit

día / noche

mort / viu

muerto / vivo

ample / estret

ancho / angosto

comestible / immenjable

comestible / no comestible

dolent / amable

malo / amable

entusiasmat / entediat

entusiasmado / aburrido

gros / prim

gordo / flaco

primer / darrer

primero / último

amic / enemic

amigo / enemigo

ple / buit

lleno / vacío

dur / tou

duro / blando

pesant / lleuger

pesado / liviano

gana / set

hambre / sed

malalt / sà

enfermo / sano

il·legal / legal

ilegal / legal

intel·ligent / ximple

inteligente / estúpido

esquerra / dreta

izquierda / derecha

prop / llunyà

cerca / lejos

nou / usat

nuevo / usado

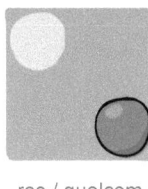

res / quelcom

nada / algo

vell / jove

viejo / joven

encès / apagat

encendido / apagado

obert / tancat

abierto / cerrado

silenciós / sorollós

silencioso / ruidoso

ric / pobre

rico / pobre

correcte / incorrecte

correcto / incorrecto

aspre / suau

áspero / suave

trist / content

triste / contento

curt / llarg

corto / largo

lent / ràpid

lento / rápido

humit / sec - eixut

mojado / seco

calent / fred

caliente / frío

guerra / pau

guerra / paz

0

zero

cero

1

u

uno

2

dos

dos

3

tres

tres

4

quatre

cuatro

5

cinc

cinco

6

sis

seis

7

set

siete

8

vuit

ocho

9

nou

nueve

10

deu

diez

11

onze

once

12
dotze
doce

13
tretze
trece

14
catorze
catorce

15
quinze
quince

16
setze
dieciséis

17
disset
diecisiete

18
divuit
dieciocho

19
dinou
diecinueve

20
vint
veinte

100
cent
cien

1.000
mil
mil

1.000.000
milió
millón

nombres - números

anglès

inglés

anglès americà

inglés americano

xinès mandarí

chino mandarín

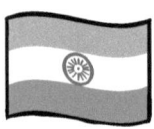

hindi

hindi

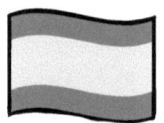

espanyol

español

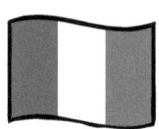

francès

francés

àrab

árabe

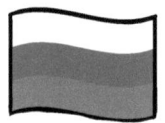

rus

ruso

portuguès

portugués

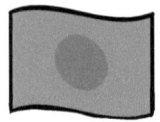

bengalí

bengalí

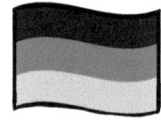

alemany

alemán

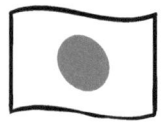

japonès

japonés

jo

yo

tu

vos

ell / ella / allò

él / ella

nosaltres

nosotros

vosaltres

ustedes

ells

ellos

qui?

¿quién?

què?

¿qué?

com?

¿cómo?

on?

¿dónde?

quan?

¿cuándo?

nom

nombre

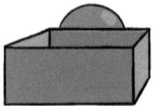

darrere

detrás

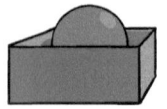

en

en

davant de

adelante de

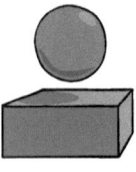

damunt

por encima de

sobre

sobre

sota

debajo de

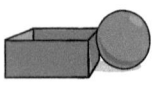

al costat

al lado de

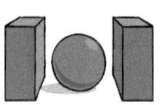

entre

entre

lloc

lugar

.